Erich Kussbach
**Der Kampf um die Herrschaft des Rechts
in den internationalen Beziehungen**

Schriftenreihe
der Juristischen Gesellschaft e. V.
Berlin

Heft 73

W
DE
G

1982
Walter de Gruyter · Berlin · New York

Der Kampf um die Herrschaft des Rechts in den internationalen Beziehungen

Dag Hammarskjölds Vermächtnis

Von
Erich Kussbach

Vortrag
gehalten vor der
Berliner Juristischen Gesellschaft
am 2. Dezember 1981

W
DE
G

1982

Walter de Gruyter · Berlin · New York

Dr. Erich Kussbach
Generalkonsul

CIP-Kurztitelaufnahme der Deutschen Bibliothek

Kussbach, Erich:
Der Kampf um die Herrschaft des Rechts in den
internationalen Beziehungen : Dag Hammarskjölds
Vermächtnis ; Vortrag gehalten vor d. Berliner
Jur. Ges. am 2. Dezember 1981 / von Erich
Kussbach. – Berlin ; New York : de Gruyter,
1982.
(Schriftenreihe der Juristischen Gesellschaft
e. V. Berlin ; H. 73)
ISBN 3-11-008993-9
NE: Juristische Gesellschaft ⟨Berlin, West⟩:
Schriftenreihe der Juristischen ...

I.

Am 18. September 1981 jährte sich zum zwanzigsten Mal der Todestag Dag Hammarskjölds, des ehemaligen Generalsekretärs der Vereinten Nationen[1]. Zwanzig Jahre ist es her, daß dieser große Schwede, Sohn einer im humanitären Engagement traditionsreichen Nation, bei der Erfüllung seiner Aufgabe im Dienste der internationalen Gemeinschaft den Tod gefunden hat. Der Absturz seines Flugzeugs während des Landeanflugs auf den Flughafen Ndola setzte dem Leben Hammarskjölds gerade in dem Augenblick ein jähes Ende, als er auf dem Höhepunkt der Kongokrise einen letzten Versuch unternehmen wollte, den Regierungschef der abtrünnigen Provinz Katanga, Moise Tschombe, zum Einlenken zu bewegen.

Viele von uns erinnern sich noch an jene dramatischen Tage und Stunden und an den Schock, den die Nachricht vom Tode Hammarskjölds weltweit ausgelöst hat. Der Dichter, Nobelpreisträger und Diplomat, Saint-John Perse, ein persönlicher Freund Hammarskjölds, drückte damals in seinem Beileidschreiben an den schwedischen König die Gefühle vieler Millionen von Menschen aus: „La mort tragique de Dag Hammarskjöld affecte certe toute la famille humaine; elle nous rappelle aussi douloureusement tout ce que la pensée et l'âme suédoises peuvent mêler d'elles-mêmes à l'histoire de notre temps. Pour ceux qui ont connu l'homme et partagé son amitié, Dag Hammarskjöld demeure une des

---

[1] Über Leben und Wirken des früheren Generalsekretärs Dag Hammarskjöld gibt es eine umfangreiche Literatur. Die nachstehende Auswahl dient zur Orientierung:

M. Virally, Le Testament politique de Dag Hammarskjöld, in: Annuaire Français de Droit International, vol. VII (1961) S. 355–380; H. Hoppenot, Dag Hammarskjöld, in: Le Monde diplomatique, octobre 1961; I. E. Levine, Dag Hammarskjöld, Champion of World Peace, London 1962; J. Lash, Huit années de crise à l'O.N.U. – Monsieur H., Paris 1962; A. L. Gavshon, The Mysterious Death of Dag Hammarskjöld, New York 1962; A. L. Gavshon, The Last Days of Dag Hammarskjöld, London 1963; Dag Hammarskjöld, Speeches, 1962; W. A. Berendsohn, Dag Hammarskjöld und sein Werk, Stockholm 1965; S. Stolpe, Dag Hammarskjölds geistiger Weg, Frankfurt 1965; H. Sundén, Die Christusmeditationen Hammarskjölds, 1967; W. Herbstrith, Das Unerhörte – in Gottes Hand zu sein, München 1979; Dag Hammarskjöld, Public papers, New York 1975; Ch. M. Simon, Dag Hammarskjöld, New York 1967; E. Kelen, Hammarskjöld – The Political Man, New York 1968.

figures les plus chevaleresques: car il était la noblesse même, le courage et l'honneur, étant tout exigence envers soi-même et tout esprit de sacrifice, au service d'une grande cause qui nous interesse tous. Il en aura été le héros et le martyr"[2]. Diejenigen, in deren Erinnerung das unerschrockene und standhafte Eintreten dieses Mannes für eine gerechtere Welt und einen dauerhaften Frieden auch nach zwanzig Jahren nicht erloschen ist, mußten im vergangenen September enttäuscht und nicht ohne Betroffenheit registrieren, daß die Öffentlichkeit von dem Jahrestag kaum Notiz nahm. So schwach ist das Gedächtnis für historisch gravierende Ereignisse geworden, so sehr ist der Mensch in die Probleme der Gegenwart verstrickt; eine beklemmende Erfahrung, die uns nachdenklich stimmen sollte.

Ich habe als Thema meines Vortrags den Beitrag Hammarskjölds zu fundamentalen Fragen des Völkerrechts gewählt, weil ich glaube, daß es auch uns Juristen gut ansteht, einmal eines Mannes von der geistigen Statur Hammarskjölds zu gedenken, der sich an entscheidender Stelle, im höchsten administrativen Amt der Weltorganisation, durch Wort und Tat für Gerechtigkeit und Recht eingesetzt hat.

Hammarskjöld bekleidete das Amt des Generalsekretärs acht Jahre lang, von 1953 bis 1961. In dieser Zeit des weltpolitischen Umbruchs, in der der Entkolonisierungsprozeß eine grundlegende Umstrukturierung der geopolitischen Lage einleitete, in die gleichzeitig erste Ansätze einer Abkehr vom Kalten Krieg fielen, hatte Hammarskjöld dem Amt des Generalsekretärs seinen persönlichen Stempel aufgedrückt und ihm dadurch ein neues politisches Gewicht verliehen.

Hammarskjöld war sich der hohen Verantwortung, die mit diesem Amt verbunden war, voll bewußt. Auch die Gefahren, die auf den Träger dieses Amtes allenthalben lauerten, schätzte er durchaus nüchtern ein. Er vermochte jedoch mit ihnen zu leben. Persönliche Anfechtungen, die er im Laufe seiner Amtszeit erfahren mußte, schmerzten ihn wohl, konnten ihn aber weder entmutigen, noch von dem von ihm einmal als richtig erkannten Weg abbringen. Die Sache, der er diente und für die er sich mit seiner ganzen Persönlichkeit einsetzte, war ihm letztlich unvergleichlich wichtiger, als die eigene Person. Todesahnungen, die ihn in seinen letzten Lebensjahren gelegentlich überkamen, verstärkten sein Bemühen, sich selbst zu prüfen und über das Maß der eigenen Opferbereitschaft Rechenschaft zu geben. Er war zu jedem Opfer, auch zur Hingabe des eigenen Lebens, bereit. Aufzeichnungen in seinem posthum bekannt gewordenen Tagebuch[3] legen davon ein ergreifendes Zeugnis ab.

---

[2] Saint-John Perse, Oeuvres complètes, Paris 1972, S. 638.
[3] Dag Hammarskjöld, Zeichen am Weg, Zürich 1965.

Hammarskjöld war von Natur Realist und Pragmatiker, soweit solche Etiketten auf ihn überhaupt anwendbar sind. Er war gewiß kein Mann der Theorie. Eine Erkenntnis übrigens, die ihn schon in jungen Jahren davon abhielt, die wissenschaftliche Laufbahn anzustreben. Aber ein Mann des Geistes war er allemal. Seinen scharfsinnigen, durchdringenden Intellekt kannten nicht bloß seine Mitarbeiter. Auch Staatsmänner und Diplomaten bekamen ihn bisweilen in Debatten und Gesprächen zu spüren. In den wenigen Stunden der Muße, die ihm neben seiner aufreibenden Arbeit gelegentlich gegönnt waren, galt sein Interesse der Musik und der Literatur. Er übersetzte Saint-John Perse und Martin Buber ins Schwedische. Paul Claudel, Gabriel Marcel, die mittelalterlichen Mystiker, Thomas von Aquin und auch Thomas von Kempen zählten zu seiner Lieblingslektüre. Albert Schweitzers praktischer Humanismus hatte einen starken Einfluß auf ihn.

In jüngeren Jahren religiös indifferent, fand er mit zunehmendem Alter in einer viel reiferen Form zum Glauben seiner Kindheit zurück, der sich allmählich zu einer sein ganzes Leben verwandelnden Spiritualität verdichtete. Hammarskjöld war ein tief gläubiger Mensch geworden, selbstkritisch und unablässig gegen die eigenen Schwächen ankämpfend. Als überzeugter Christ glaubte er an das Gute und an die Gerechtigkeit. Sein ungewöhnlich starkes Engagement für die Herrschaft des Rechts in den internationalen Beziehungen ist nicht zuletzt auch unter diesem Blickwinkel zu sehen. Hammarskjölds Kampf ums Recht hatte seine Wurzeln in der christlichen Ethik, was keineswegs ausschloß, daß dieser Kampf – ganz im Geiste Jherings – von Realismus gekennzeichnet war, bar jeder romantischen Attitüde. Hammarskjöld machte sich beileibe keine Illusionen. Er blieb stets auf dem Boden der Wirklichkeit und stellte sich mit großer Nüchternheit den täglichen Herausforderungen seines Amtes.

II.

Hammarskjölds grundsätzliche Einstellung zum Völkerrecht und zum Recht überhaupt läßt sich am besten an seinen Ansichten über die Gerechtigkeit und über das Verhältnis zwischen Macht und Recht erkennen. Für ihn war Gerechtigkeit kein abstrakter Begriff. Noch weniger jene eiskalte Justitia, die Göttin mit der Wagschale und den verbundenen Augen, die ohne dem Recht Suchenden ins Gesicht zu sehen, blind richtet[4]. Das Problem der Gerechtigkeit stellte sich für Hammarskjöld vielmehr stets im Spannungsfeld zwischen Macht und Ohnmacht, in der

---

[4] Eine treffende Beschreibung der römischen Symbolfigur durch Bischof Helmut Krätzl, vgl. „Der Friede fängt bei einem jeden an" in: Die Furche, 25. November 1981, S. 7.

Relation zwischen dem Stärkeren und dem Schwächeren. In seinem Tagebuch hielt er eine Begebenheit aus früheren Zeiten fest[5], die ein Schlaglicht auf seine Auffassung über die Gerechtigkeit wirft. Ein Mitarbeiter, der von seinen Kollegen nicht sonderlich gemocht wurde, ließ sich etwas zuschulden kommen und wurde aus „Gerechtigkeit gegen andere" – wie Hammarskjöld vermerkt – bloßgestellt. Der Unglückliche verteidigte sich, indem er seinen Kollegen vorhielt, daß sie ihn nie auf seine Fehler aufmerksam gemacht und ihm auch nie dabei geholfen hätten, sich zu ändern. Dieser Vorwurf stimmte Hammarskjöld nachdenklich und führte ihn zu der Erkenntnis, daß der Fehler letzten Endes nicht bei dem Beschuldigten, sondern bei den anderen lag. „Immer ist der Fehler beim Stärkeren"[6] – lautet der Schluß, den Hammarskjöld aus dem Vorfall für sich zieht und der seinen Gerechtigkeitssinn fortan bestimmen wird. Für mich ist dies eine der prägnantesten Formulierungen zum Thema Gerechtigkeit[7], die ganz in der Tradition der Bergpredigt und der christlichen Ethik wurzelt und in auffallender inhaltlicher Übereinstimmung mit der Definition des Augustinus steht: „Justitia est in subveniendo miseris"[8] – Gerechtigkeit ist tätige Hilfe für die Unglücklichen, für die Armen. Diese Grundeinstellung zur Gerechtigkeit machte Hammarskjöld zum Anwalt der Kleinen und Schwachen[9]. Als Beispiele mögen sein Engagement für die Menschenrechte und sein Eintreten für die Interessen der kleinen und jungen Nationen gegenüber den etablierten Großmächten dienen. Von seinen Ansichten über das Thema Menschenrechte wird sogleich noch ausführlicher die Rede sein. Seinen Standpunkt bezüglich der kleinen Nationen hat Hammarskjöld wiederholt zum Ausdruck gebracht. So wurde von ihm die Behauptung zurückgewiesen, daß kleine Völker weniger Verständnis für die zentralen, die ganze Welt berührenden, politischen Probleme hätten, als große Nationen[10]. In der Einführung

---

[5] a. a. O. S. 40–41.

[6] Ebenda.

[7] Wobei ich hier vor allem an die natürliche (überwiegend distributive, austeilende) Gerechtigkeit denke, nicht an die gesetzliche (vornehmlich kommutative, strenge) Gerechtigkeit. Vgl. dazu J. Messner, Das Naturrecht, Wien 1960 (4. Aufl.), S. 378 ff.

[8] De Trinitate, 1.14, Kap. 9 PL, 42, 1046. Siehe dazu P. Bigo, La doctrine sociale de l'église, Paris 1966, S. 30.

[9] Hammarskjölds Gerechtigkeitssinn wurzelte in der christlichen Nächstenliebe, die die trennende Wirkung der einander gegenüberstehenden Rechte und Pflichten gleichsam als Regulativ zu überwinden sucht. Vgl. J. Messner, a. a. O. (Anm. 7), S. 396–398.

[10] Vgl. Press conference transcript, April 30, 1959, zitiert in: E. Kelen, a. a. O. (Anm. 1) S. 74.

zum fünfzehnten Jahresbericht des Generalsekretärs an die Generalversammlung über die Tätigkeit der Weltorganisation sagte Hammarskjöld nicht ohne Spitze gegen die großen und reichen Nationen: „Neither size, nor wealth, nor age is historically to be regarded as a guarantee for the quality of the international policy pursued by any nation"[11]. Eine Erkenntnis, die – wie mir scheint – bis heute nicht an Aktualität verloren hat. Hammarskjöld lehnte auch das oft gebrauchte Argument ab, wonach die Vielzahl der in den Vereinten Nationen vertretenen afrikanischen und asiatischen Staaten in keinem Verhältnis zu deren tatsächlicher Macht stehe[12]. Und noch ein Beispiel für die klare Sprache, der sich Hammarskjöld in dieser Frage bediente. Es ist der Einleitung zum sechzehnten Bericht des Generalsekretärs entnommen, dem letzten Bericht, der die Unterschrift Hammarskjölds trägt: „As in national life, the principle of justice ... must be considered as applicable without distinction or discrimination, with one measure and one standard valid for the strong as well as for the weak. Thus, the demand of the Charter for a rule of law aims at the substitution of right for might and makes of the Organization the natural protector of rights which countries, without it, might find it more difficult to assert and to get respected"[13].

Wie es in diesem letzten Zitat bereits deutlich zum Ausdruck kommt, war es auch Hammarskjölds Gerechtigkeitsethik, die ihn – übrigens durchaus im Einklang mit der Satzung der Vereinten Nationen – zum Vorkämpfer der Herrschaft des Rechts werden ließ, in dem er den sichersten Garanten für einen gerechten Interessenausgleich zwischen den Mächtigen und den Schwachen sah. Während der Staat seinen Willen gegen den Bürger mit den ihm zur Verfügung stehenden Machtmitteln und die Großmächte ihre Interessen durch Androhung oder durch Anwendung von Gewalt durchzusetzen vermögen, finden die Bürger gegenüber der Omnipotenz des Staates und die kleinen Nationen gegenüber der Übermacht der Großen Schutz allein im Recht. Das Recht hatte in den Augen Hammarskjölds eine dienende Funktion, die darauf angelegt ist, dem Schwachen, wenn nötig auch gegen die Interessen der Mächtigen, Gerechtigkeit widerfahren zu lassen. Hammarskjöld begegnete der Macht

---

[11] Introduction to the Secretary-General's fifteenth annual report to the General Assembly on the work of the Organization from June 16, 1959 to June 15, 1960, zit. in: E. Kelen, a. a. O. S. 75.

[12] Address to a meeting of Members of both Houses of Parliament under the auspices of the British Group of the Inter-Parliamentary Union, London, April 2, 1958, zit. ebenda S. 74.

[13] Introduction to the Secretary-General's sixteenth annual report to the General Assembly on the work of the Organization from June 16, 1960 to June 15, 1961, zit. ebenda S. 137.

mit profundem Mißtrauen und ließ sie überhaupt nur dann als legitim
gelten, wenn sie sich – wie er einmal schrieb – täglich rechtfertige[14].

III.

Ein besonderes Anliegen Hammarskjölds war die universelle Anerkennung der Menschenrechte. Einmal aus dem bereits erörterten Grund der
Gerechtigkeit, die den Schutz des Individuums gegen Übergriffe der
staatlichen Macht fordert. Zum anderen war es die Sorge um die Bewah-
rung des Friedens. Hammarskjöld sah nämlich einen engen Zusammenhang, ja nachgerade eine Wechselwirkung, zwischen der Anerkennung
der Menschenrechte und der Erhaltung des Friedens. Wie sehr ihn dieser
Gedanke immer wieder beschäftigte, beweist die Tatsache, daß er wiederholt auf ihn zu sprechen kam. Zwei besonders prägnante Formulierungen
mögen als Beispiel dienen. In seiner Ansprache anläßlich des 180. Jahres-
tags der „Virginia Declaration of Rights" sagte Hammarskjöld am 14. Mai
1956 in Williamsburg: „Why is war and fear of war in the headlines of
every daily paper, if not because man fears man and nation nation? Could
there be a more eloquent sign of how far we are from recognition of the
philosophy behind the principles of human rights on which alone peace
can be built?"[15]. An anderer Stelle äußerte sich der Generalsekretär noch
deutlicher: „Without recognition of human rights we shall never have
peace; and it is only within the framework of peace that human rights can
be fully developed. In fact, the work for peace is basically a work for the
most elementary human right: the right of everyone to security and
freedom from fear"[16].
Lassen Sie uns bei dieser letzten Aussage ein wenig verharren. Sie ist –
wie ich meine – einer Reflexion wert. Zunächst wird man der Behauptung
ohne weiteres zustimmen können, daß sich die Menschenrechte nur in
Friedenszeiten voll zu entfalten vermögen. Erfahrungsgemäß wird der
Wert der Menschenrechte im Krieg nicht sonderlich hoch veranschlagt.
Wie ist es aber um die andere These Hammarskjölds bestellt, die besagt,
daß es ohne Anerkennung der Menschenrechte keinen Frieden geben
könne? Hält dieser Teil der Aussage einem Vergleich mit der Wirklichkeit
ebenso stand? Erleben wir denn nicht täglich, daß Staaten — mit oder
ohne formale Anerkennung der Menschenrechte — ihren eigenen Bür-
gern die primitivsten Grundrechte verweigern und trotzdem in Frieden

---

[14] Vgl. D. Hammarskjöld, Zeichen am Weg, a. a. O. S. 63.
[15] Address at celebration of the 180th anniversary of the Virginia Declaration of
Rights, 1776–1956, Williamsburg, Virginia, May 14, 1956, zit. in: E. Kelen,
a. a. O. S. 18.
[16] Zit. ebenda S. 16.

mit anderen Nationen leben können? Hammarskjöld war kraft seines Amtes mit solchen Fällen ständig konfrontiert. So direkt, so vordergründig konnte er also den Konnex zwischen der Nichtanerkennung der Menschenrechte und den Gefahren für den Frieden nicht gemeint haben. Die Geschichte kennt in der Tat genügend Beispiele, in denen der Krieg als Ventil für den Mißmut einer mit den internen Verhältnissen unzufriedenen Bevölkerung diente, wo der Krieg als letzter Ausweg von internen Mißständen ablenken sollte.

Noch augenfälliger wird aber der innere Zusammenhang zwischen der Mißachtung der Menschenrechte und der Friedensgefährdung dann, wenn die Verletzung fundamentaler Rechte und Freiheiten auf eine Grundhaltung zurückzuführen ist, die die Würde des Menschen überhaupt in Frage stellt. Eine solche Einstellung tendiert potentiell zur Gewalt, und zwar ohne Unterschied gegen die eigenen Bürger ebenso wie gegen fremde Völker. Einer von denen, die diese insbesondere dem System des Dritten Reiches innewohnende aggressive Tendenz schon früh erkannt hatten, der österreichische Schriftsteller Hermann Broch, drückte dies in seinem für den Völkerbund verfaßten Resolutionsentwurf mit den Worten aus: „Der Völkerbund ist ... gewillt, seine unrechtsbekämpfende Aufgabe nicht auf die der direkten Kriegsverhinderung zu beschränken, sondern darüber hinaus sie tunlichst weit auszudehnen: als Unrecht, ja als Verbrechen ist alles zu umreißen, was gegen die absolute Würde des Menschen verstößt, also eine Vergewaltigung der natürlichen humanen Rechte in sich schließt; der Krieg als legalisierte und systematische Verletzung menschlicher Integrität ist lediglich die Verdichtung sämtlicher Verbrechen gegen die Menschenwürde"[17].

Hier also liegt der tiefere Zusammenhang zwischen der Mißachtung der Menschenrechte und der Gefährdung des Friedens: nämlich in der menschenverachtenden Gesinnung, in der Philosophie der Gewalt, der die Idee der Menschenwürde fremd ist. Der Nationalsozialismus und der von ihm entfachte Zweite Weltkrieg haben diesen Zusammenhang auf grausame Weise freigelegt und bestätigt. Sie haben bewirkt, wie wir aus der Entstehungsgeschichte der Vereinten Nationen wissen, daß die universelle Anerkennung der Menschenrechte zu einem der wichtigsten Ziele der Weltorganisation erklärt wurde. Es kann kein Zweifel bestehen, daß Hammarskjöld in seiner Aussage genau auf diesen Punkt hinweisen wollte. Das wird durch andere Belegstellen zusätzlich bekräftigt, in deren Mittelpunkt der Mensch – allerdings sehr realistisch mit seiner ganzen inneren Zerrissenheit – steht: einerseits als Träger jener Würde, die ihm als Geschöpf Gottes zukommt, andererseits jedoch zugleich als Feind

---

[17] H. Broch, Völkerbund-Resolution, Salzburg 1973, S. 37.

seines Nächsten. In seiner Rede zum Tag der Menschenrechte sagte Hammarskjöld am 10. Dezember 1960, daß wir alle täglich Zeugen von Handlungen seien, die die Grausamkeit des Menschen gegen seinen Mitmenschen, den Mißbrauch von Menschen durch ihre Mitmenschen immer wieder aufs neue beweisen[18]. Diese traurige Wahrheit könnte indessen dahin ergänzt werden, daß es heute noch Ideologien gibt, die den Haß und das Mißtrauen gegen den Mitmenschen schüren, sei es aus rasssischen, politischen, sozialen, religiösen oder anderen Gründen.

Angesichts der existentiellen Bedrohung durch seine Mitmenschen erfährt sich der Mensch in seiner Macht- und Hilflosigkeit. Seine natürliche, psychische Reaktion darauf ist die Angst. Diese Angst, die in den Gedanken Hammarskjölds eine eminente Rolle spielt, behindert den Menschen in der freien Entfaltung seiner Persönlichkeit, woran wiederum seine Würde Schaden nimmt. Deshalb ist verständlich, wenn Hammarskjöld von einem elementaren Recht des Menschen auf Sicherheit und Freiheit vor Furcht spricht. Ein Recht, das so zwar in keinem Menschenrechtsinstrument verankert ist, das aber seine Begründung im natürlichen Sittengesetz findet. Es besteht also eine tiefere, auf den ersten Blick nicht immer gleich erkennbare Korrelation zwischen der tatsächlichen Anerkennung und Achtung der Menschenwürde und Menschenrechte und der Chance für einen dauerhaften Frieden.

In diesem Sinn betonte Hammarskjöld in seiner bereits erwähnten Ansprache zum Tag der Menschenrechte, daß den Menschenrechten Pflichten gegenüberstünden. Weder Deklarationen, noch Konventionen oder Gesetze könnten allein den Schutz der Menschenrechte gewährleisten. Es bedürfe außerdem des persönlichen Verantwortungsbewußtseins jedes einzelnen, ja der inneren Bereitschaft, die Unantastbarkeit der Würde des Menschen zu achten. Immerhin rückt hier bereits der Gedanke vom meinungsbildenden Charakter nicht nur der Menschenrechtsdeklaration, sondern aller Menschenrechtsinstrumente schlechthin ins Blickfeld, dem Hammarskjöld eine zentrale Rolle beimißt: „Such international legal instruments as the proposed covenants on human rights are parts of a concerted effort that is in fact proceeding on a much wider basis. Fundamentally, the rate of progress will be determined by the degree to which the developing social conscience of the peoples of the world is able to find expression not only in national legislation and in international treaties, but in the climate of opinion in the various regions of the world"[19].

---

[18] Statement at the occasion of the Human Rights Day Concert in the General Assembly Hall, December 10, 1960, zit. in: E. Kelen, a. a. O. S. 19.

[19] Introduction to the Secretary-General's annual report to the General Assembly on the work of the Organization, 1952–1953, zit. ebenda, S. 17.

Hammarskjöld sah in der Gesamtheit der Bemühungen um den weltweiten Schutz der Menschenrechte einen langfristigen und breit angelegten Entwicklungsprozeß, der allmählich einen allgemeinen Gesinnungswandel herbeiführen sollte. Wir wissen, daß Hammarskjölds Worte aus dem Jahr 1953 heute, also achtundzwanzig Jahre danach, unverändert Gültigkeit besitzen. Und dies trotz der mittlerweile längst fertiggestellten und 1976 in Kraft getretenen beiden Pakte über bürgerliche und politische Rechte beziehungsweise über wirtschaftliche, soziale und kulturelle Rechte, denen heute 67 beziehungsweise 68 Staaten angehören. Man bedenke, daß dies nicht einmal die Hälfte der Mitgliedstaaten der Vereinten Nationen ausmacht! Man bedenke ferner, daß die beiden Menschenrechtspakte weit davon entfernt sind, über ein auch nur annähernd ähnliches System der Rechtsdurchsetzung zu verfügen, wie die Europäische Menschenrechtskonvention.

Ein dem europäischen ähnliches Schutzsystem wurde indessen durch die am 18.7.1978 in Kraft getretene Menschenrechtskonvention für die amerikanischen Staaten ins Leben gerufen. Doch die andauernden schweren Menschenrechtsverletzungen in einigen lateinamerikanischen Staaten lassen keine Illusion über einen baldigen Wandel zum besseren zu.

IV.

Wir wollen jetzt das Gebiet der Menschenrechte verlassen und uns dem Verfassungsrecht der Vereinten Nationen zuwenden, einem Gebiet, auf dem das Ringen Hammarskjölds um die Verwirklichung der in der Satzung festgeschriebenen Ziele sich im Scheinwerferlicht der Öffentlichkeit gelegentlich geradezu dramatisch und spektakulär vollzogen hat. Hier sind Hammarskjölds brillanter Intellekt und zielbewußter Pragmatismus voll zur Geltung gekommen. Hier hat er aber auch in hohem Maße intellektuelle Redlichkeit, Grundsatztreue und Standfestigkeit bewiesen. Allerdings mußte er gerade da gegen große Widerstände ankämpfen, Angriffe auf seine Person hinnehmen und nicht selten Rückschläge in der Sache erleben.

Zunächst aber einige Bemerkungen allgemeiner Natur:

Als Hammarskjöld am 9. April 1953 in New York eintraf, um sein neues Amt anzutreten, wurde er am Flughafen von seinem Vorgänger Trygve Lie begrüßt. Der scheidende Generalsekretär wünschte seinem Nachfolger viel Glück und warnte ihn zugleich vor dem „unmöglichsten Job der Welt". Doch Hammarskjöld bedurfte keiner Warnung. Er wußte was auf ihn wartete und er war entschlossen, das Beste daraus zu machen.

14

Eine seiner ersten Entscheidungen als neuer Generalsekretär war, daß
er dem FBI verbot, im Sekretariat nach amerikanischen Kommunisten zu
forschen[20]. Er hielt es mit der Unabhängigkeit der Vereinten Nationen
und ihrer Beamten für unvereinbar, daß sich ein Mitgliedstaat, und sei es
auch die Großmacht USA und das Gastland der Organisation dazu, das
Recht anmaßte, gegen seine Mitarbeiter, die als internationale Beamte
allein der Organisation verantwortlich waren, staatspolizeiliche Erhebun-
gen durchzuführen. Hammarskjöld hat mit dieser Verfügung zwar das
FBI verärgert, konnte jedoch zugleich einen ersten Achtungserfolg für
sich buchen. Um das Vertrauen aller Mitgliedstaaten zu gewinnen, mußte
er dafür sorgen, daß die angeschlagene Autorität der Vereinten Nationen
wiederhergestellt wird. Gelang dies nicht, hatte sich die Organisation als
Instrument der Friedenserhaltung selbst disqualifiziert.

Hammarskjöld war von der Unersetzlichkeit der Vereinten Nationen
als einziger universeller politischer Institution zutiefst überzeugt, wenngleich er über die Grenzen ihrer Möglichkeiten genau Bescheid wußte. Er
wandte sich mit aller Entschiedenheit gegen die verbreitete Meinung, die
Vereinten Nationen seien nutzlos. In seiner Einschätzung überwogen die
Vorteile, die die Organisation als zusätzliches Instrument zur traditionel-
len Diplomatie insbesondere den zahlreichen kleineren Mitgliedstaaten
bot, bei weitem ihre Nachteile. Wichtig war seiner Meinung nach allerdings, daß sich die Vereinten Nationen aus den ideologischen Auseinan-
dersetzungen der Großmächte heraushielten und ihre Neutralität bewahr-
ten[21].

Hammarskjöld kannte sehr wohl die Schwächen der Satzung, aber er
war sich darüber im klaren, daß eine Revision, die gemäß Art. 108 nicht
bloß einer Zweidrittelmehrheit in der Generalversammlung und der Rati-
fikation durch mindestens zwei Drittel der Mitgliedstaaten, sondern auch
aller ständigen Mitglieder des Sicherheitsrats bedurfte, unter den obwal-
tenden politischen Umständen, insbesondere wegen der Gegensätze zwischen den Westmächten und der Sowjetunion, nicht in Frage kam. Daher
nahm er die Satzung als eine unabänderliche Gegebenheit, zugleich aber
betrachtete er sie auch als Ausgangslage, von der aus eine konstruktive
und gedeihliche Arbeit zu leisten war. Um aus dieser Situation das Beste
zu machen, entwickelte sich Hammarskjöld – wie wir gleich noch sehen
werden – zu einem Meister der Interpretation und versuchte alle Möglichkeiten, die der Wortlaut der Satzung bot, auszuschöpfen. Dies brachte
ihm zuweilen von veschiedenen Mitgliedsstaaten Widerspruch und Tadel

[20] Darüber J. Lash, a.a.O. (Anm. 1) S. 30–33; I. E. Levin, a.a.O. (Anm. 1)
S. 91–93; Ch. M. Simon, a.a.O. (Anm. 1) S. 76.
[21] Introduction to the Secretary-General's fifteenth annual report, a.a.O.
(Anm. 11).

ein. Aber man konnte ihm letztlich nichts anhaben, weil seine Entscheidungen stets durch Bestimmungen der Satzung gedeckt waren.

Hammarskjöld bejahte die Sonderstellung der ständigen Mitglieder des Sicherheitsrates, wie sie im Vetorecht ihren Ausdruck fand und bemühte sich, die guten Seiten dieses Rechts hervorzukehren[22]. Einerseits widerspiegelte das Vetorecht bloß die tatsächlich vorhandenen Gegensätze zwischen den Großmächten und bot die Gewähr dafür, daß sie am Verhandlungstisch blieben und sich nicht veranlaßt sahen, ihre Interessen außerhalb und gegen die Vereinten Nationen zu verfolgen. Andererseits garantierte das Vetorecht den übrigen Mitgliedstaaten, daß die oft schwerwiegenden Entscheidungen des Sicherheitsrates – so sie überhaupt zustande kamen – die Autorität aller Großmächte hinter sich hatten[23]. Aber Hammarskjöld verhehlte auch nicht seine Enttäuschung, wenn das Vetorecht mißbraucht wurde.

Diese Einstellung zu den Vorrechten der fünf ständigen Mitglieder des Sicherheitsrates hinderte Hammarskjöld nicht daran, den Gedanken einer Gewichtung der Stimmen der Mitgliedstaaten je nach ihrer Größe, ihrer Bevölkerungszahl oder anderen Kriterien von sich zu weisen[24]. Abgesehen davon, daß dies eine Änderung der Satzung voraussetzen würde, war Hammarskjöld der Ansicht, daß eine solche Unterscheidung zwischen den Mitgliedstaaten erst gerechtfertigt wäre, wenn die internationale Gemeinschaft reif für eine Weltregierung werden würde. Da aber die Vereinten Nationen keine Weltregierung sind und die Staaten ihre Beziehungen nach wie vor auf der Grundlage der souveränen Gleichheit zu gestalten gedenken, muß es bei der Regel „one nation, one vote" bleiben.

Angesichts der Erfahrung, daß sich der Sicherheitsrat, der laut Satzung die Hauptverantwortung für die Erhaltung des Friedens zu tragen hätte, in Krisensituationen – infolge mangelnder Übereinstimmung unter den ständigen Mitgliedern – wiederholt selbst ausgeschaltet hatte, sah sich der Generalsekretär oft in der schwierigen Lage, von sich aus initiativ werden und im Rahmen der ihm von der Satzung übertragenen Kompetenzen in Eigenverantwortung handeln zu müssen. Hammarskjöld war indessen im Interesse der Erhaltung des Friedens entschlossen, diese Kompetenzen voll auszuschöpfen. Das von den Mitgliedstaaten in die Vereinten Nationen gesetzte Vertrauen durfte nicht ständig enttäuscht und die ohnedies schwindende Autorität der Weltorganisation nicht weiter geschwächt werden.

---

[22] Extemporaneous remarks before the Indian Council of World Affairs in New Delhi, India, February 3, 1956. Edited and corrected transcript, in: E. Kelen, a. a. O. S. 86–87.
[23] Ebenda.
[24] Ebenda.

Es stellt sich daher die Frage, worin die Kompetenzen des Generalsekretärs gemäß der Satzung der Vereinten Nationen bestehen? Die einschlägigen Bestimmungen sind in den Art. 98 und 99 enthalten. Hammarskjöld schätzte die Bedeutung des Art. 99 sogar noch höher ein, als die des Art. 98[25]. Dieser Artikel sieht die Mitwirkung des Generalsekretärs bei den Sitzungen der Hauptorgane der Vereinten Nationen vor und verpflichtet ihn, „alle sonstigen ihm von diesen Organen zugewiesenen Aufgaben" wahrzunehmen. Schon Art. 98 gibt dem Generalsekretär einigen Spielraum, die Mittel der „stillen Diplomatie" einzusetzen. Hammarskjöld machte davon auch stets dann Gebrauch, wenn er glaubte, mit seinem Verhandlungsgeschick der Sache dienen zu können. Allerdings bedurfte der Generalsekretär, um gemäß Art. 98 tätig zu werden, eines ausdrücklichen Auftrags. Art. 99 ermächtigt hingegen den Generalsekretär, die Aufmerksamkeit des Sicherheitsrates auf jede Angelegenheit zu lenken, die nach seinem Dafürhalten geeignet ist, die Wahrung des Weltfriedens und der internationalen Sicherheit zu gefährden. Nach diesem Artikel konnte also der Generalsekretär selbst initiativ werden. Darin erblickte Hammarskjöld seine Chance: „According to the Charter, the Secretary-General has no special authority to, so to say, settle conflicts. He has been given one instrument and that is the right, himself, to appeal to the Security Council where there is a threat to peace and security. That instrument is a somewhat violent and dramatic one. It is a kind of political H-bomb, and for that reason, it has more importance in principle than it can possibly have in practice"[26]. In dieser Erklärung vom Februar 1956 bedient sich Hammarskjöld zwar einer sehr vorsichtigen, diplomatischen Sprache, spielt aber unmißverständlich auf seine Bereitschaft an, diese politische „Wasserstoffbombe" – nötigenfalls einzusetzen. Nach Hammarskjölds Auslegung ermächtigte Art. 99 den Generalsekretär, vor Befassung des Sicherheitsrates sich selbst ein Urteil über die Angelegenheit zu bilden und zu diesem Zweck sich erforderlichenfalls an Ort und Stelle selbst zu informieren, den Sachverhalt abzuklären, ja sogar – wenn sich die Möglichkeit bietet – selbst dahin zu wirken, daß die Gefährdung des Weltfriedens gar nicht erst eintritt, oder wenn sie bereits eingetreten ist, daß sie abgewendet oder zumindest eingedämmt wird[27]. Nach dieser Interpretation hatte also der Generalsekretär umfassendes Pouvoir, mit allen Mitteln der persönlichen Diplomatie einzugreifen und eine Lösung des Konfliktes herbeizuführen.

---

[25] Vgl. J. Lash, a. a. O. S. 181 ff.
[26] Press conference transcript, Djakarta, Indonesia, February 12, 1956, in: E. Kelen, a. a. O. S. 180.
[27] Vgl. J. Lash, a. a. O. S. 181–183; E. Kelen, a. a. O. S. 179.

Um eine so weitreichende Vermittlungstätigkeit in Eigenverantwortung ausüben zu können, brauchte der Generalsekretär das Vertrauen aller Beteiligten. Dies setzte eine strikte neutrale Haltung des Generalsekretärs und dessen Ruf als ehrlicher und diskreter Makler voraus. Hammarskjöld bekannte sich zur unbedingten Neutralität seines Amtes, machte indessen zwei wichtige Einschränkungen: der Generalsekretär mußte unter allen Umständen auf die Einhaltung der Satzungsbestimmungen beharren und durfte zudem sich niemals über festgestellte Tatsachen hinwegsetzen[28].

Bald nach Übernahme seines Amtes bot sich Hammarskjöld die Gelegenheit, seine Neutralität ebenso wie sein diplomatisches Geschick und seine Zuverlässigkeit als Unterhändler unter Beweis zu stellen. Seine erste vertrauliche diplomatische Mission führte ihn 1954 nach Peking, wo er über die Freilassung amerikanischer Kriegsgefangener verhandelte, die wegen Spionage verurteilt worden waren[29].

Das Bemerkenswerte an dieser Mission war, daß Hammarskjöld zwar im Auftrag der Vereinten Nationen handelte – die Generalversammlung hatte vorher eine Resolution[30] verabschiedet, die die rechtswidrige Zurückbehaltung und Verurteilung der amerikanischen Kriegsgefangenen durch das kommunistische China anprangerten, die Regierung in Peking der Verletzung des Waffenstillstandsabkommens bezichtigte und den Generalsekretär einlud, sich um die Freilassung der Gefangenen zu bemühen – daß sich jedoch der Generalsekretär gegenüber Peking nicht auf seinen Auftrag berufen konnte, weil die kommunistische Regierung, die damals von den Vereinten Nationen noch nicht als rechtmäßige Vertretung Chinas anerkannt war, die Resolution der Generalversammlung ignorierte. Es wäre auch diplomatisch nicht sonderlich klug gewesen, von einer Regierung zu verlangen, daß sie sich den Forderungen einer Resolution beugt, die ihr gleichzeitig eine Völkerrechtsverletzung vorwirft.

Die Freilassung der Verurteilten im August 1955 war ein großer persönlicher Erfolg des Generalsekretärs, der ihm ungeteilte Anerkennung und ein hohes Maß an Ansehen einbrachte.

Hammarskjöld hatte aber die große Bewährungsprobe noch vor sich. Sie mußte er in den Krisen, die sich während seiner Amtszeit im Nahen Osten, in Ungarn, in Laos und im Kongo ereigneten, bestehen. Da uns

---

[28] Press conference transcript, June 12, 1961, in: E. Kelen, a. a. O. S. 54.
[29] Ch. M. Simon, a. a. O. (Anm. 1) S. 80–90; I. E. Levine, a. a. O. S. 101–115; J. Lash, a. a. O. S. 39–46.
[30] Res. 906 (IX) vom 10. Dezember 1954.

der Ablauf der Krisenereignisse nur insofern interessiert, als sie Hammarskjöld veranlaßten, zu Problemen der Satzung der Vereinten Nationen, ihrer Auslegung und zum Amt des Generalsekretärs Stellung zu beziehen, können wir uns auf eine Rekapitulierung jener Fakten beschränken, die dabei eine Rolle spielten.

Im Gefolge des israelisch-ägyptischen Feldzugs im Oktober 1956 und der gemeinsamen militärischen Intervention Großbritanniens und Frankreichs am Suez-Kanal befaßte sich zunächst der Sicherheitsrat mit der Situation. Doch durch das von Großbritannien und Frankreich gegen einen entsprechenden Resolutionsantrag eingelegte Veto war der Sicherheitsrat alsbald paralysiert. So kam die Sache vor die Generalversammlung, die am 5. und 7. November, nachdem Israel, Frankreich und Großbritannien sich nach einigem Zögern zum Rückzug ihrer Truppen bereit gefunden hatten, zwei Resolutionen beschloß[31], die die Entsendung einer UN-Einsatztruppe zur Sicherung und Überwachung des Waffenstillstandes vorsahen. Ägypten stimmte diesen Resolutionen zu. Der Generalsekretär wurde mit der Durchführung betraut.

Im Zusammenhang mit dem Einsatz der UNEF-Truppen beantragte der Generalsekretär später unter Berufung auf einen diesbezüglichen Beschluß der Generalversammlung, daß die Kosten des Einsatzes unter den Mitgliedstaaten verhältnismäßig aufgeteilt werden. Die kommunistischen Staaten lehnten es jedoch ab, sich an den Kosten zu beteiligen und begründeten ihre Ablehnung mit dem Argument, die Generalversammlung habe mit ihren beiden Resolutionen gegen die Satzung der Vereinten Nationen verstoßen, weil die Aufstellung von UN-Truppen in die ausschließliche Zuständigkeit des Sicherheitsrates falle. Hammarskjöld verteidigte das Vorgehen der Generalversammlung und bestand darauf, daß es sich um Kosten der Vereinten Nationen gemäß Art. 17 Abs. 2 der Satzung handle, die von den Mitgliedstaaten nach einem von der Generalversammlung festgelegten Schlüssel verhältnismäßig zu tragen seien[32]. Der Rechtsstandpunkt des Generalsekretärs wurde, allerdings erst nach dem Tode Hammarskjölds, durch ein Gutachten des Internationalen Gerichts-

---

[31] Res. 997 (ES-I) vom 2. November 1956 und 1002 (ES-I) vom 7. November 1956. Da sich der Abzug der Truppen weiter verzögerte, folgten einmahnende Resolutionen der ordentlichen Tagung der Generalversammlung, adressiert einmal an Frankreich, Großbritannien und Israel (Res. 1120 [XI] vom 24. November 1956 und weitere zweimal an Israel (Res. 1123 [XI] vom 19. Januar 1957 und Res. 1124 [XI] vom 2. Februar 1957).
[32] Vgl. Everyman's United Nations, 8th ed., New York 1968, S. 103–104; ferner M. M. Whiteman, Digest of International Law, Bd. 3, Washington 1964, S. 1118–1120 und S. D. Bailey, The General Assembly of the United Nations, Revised ed., New York 1964, S. 221–222.

hofs, das die Generalversammlung beantragt hatte, am 20. juli 1962 bestätigt[33].

In der Ungarnkrise hatte Hammarskjöld weniger Erfolg. Der Sicherheitsrat war infolge eines sowjetischen Vetos von vornherein zur Untätigkeit verurteilt. In der Sondertagung der Generalversammlung, die auf Antrag der Vereinigten Staaten und unter Berufung auf die Resolution „Uniting for Peace" aus dem Jahre 1950 einberufen wurde, bestritt die Sowjetunion die Zuständigkeit dieses Gremiums. Die von der Generalversammlung dennoch angenommenen Resolutionen[34] verurteilten die sowjetische Intervention, forderten die Sowjetunion auf, ihre Truppen aus Ungarn zurückzuziehen und beauftragten den Generalsekretär, die Lage in Ungarn zu untersuchen und der Generalversammlung zu berichten. Doch die ungarische Regierung lehnte es ab, die von Hammarskjöld ernannten Beobachter in das Land zu lassen. Sie erklärte, daß es sich bei dem Aufstand um eine innere Angelegenheit Ungarns handle und daß es Sache der Regierungen Ungarns und der Sowjetunion sei, über den Abzug der sowjetischen Truppen aus Ungarn zu verhandeln. Hammarskjölds Hände waren gebunden. Gegen Vorwürfe, die ihm wegen seiner nachgiebigen Haltung in der Ungarnkrise gemacht wurden, wehrte sich der Generalsekretär mit der Begründung, die Vereinten Nationen seien keine Weltregierung und würden daher von der Bereitschaft ihrer Mitgliedstaaten abhängen, sie in ihren Bemühungen zu unterstützen. Eine Großmacht wie die Sowjetunion könne nicht gezwungen werden, Beschlüsse der Generalversammlung zu befolgen, es sei denn, die anderen Staaten wären bereit, Gewalt anzuwenden und damit allerdings einen Weltkrieg zu riskieren[35].

Die Krise im Libanon im Jahre 1958 und die in Laos ein Jahr darauf bieten für unsere Problematik keine neuen Gesichtspunkte, weshalb es sich erübrigt, hier auf sie näher einzugehen.

Bei der Kongo-Krise des Jahres 1960 lagen die Dinge hingegen anders. Die Ereignisse, die sich im Sommer und Herbst 1960 im Kongo zugetragen hatten, stürzten nicht nur dieses Land, sondern auch die Vereinten Nationen in eine äußerst schwerwiegende Krise.

---

[33] Advisory Opinion, I. C. J. Reports (1962); das Gutachten bezog sich auf die Kosten der VN-Operationen sowohl im Nahen Osten wie auch im Kongo; vgl. dazu L. Gross, Expenses of the U. N. for Peace-Keeping Operations: the Advisory Opinion of the I. C. J., in: International Organizations, vol. XVII/1, 1963, S. 1–35; C. Oliver, Certain Expenses of the U.N., in: AJIL, vol. 56, 1962, S. 1053–1083.

[34] Res. 1004 (ES-II) vom 4. November 1956 und 1005 (ES-II), 1006 (ES-II) und 1007 (ES-II) vom 9. November 1956.

[35] Vgl. I. E. Levine, a. a. O. S. 141.

Die relevanten Fakten lassen sich wie folgt resümieren[36]:

Nur wenige Tage nach der Erlangung der Unabhängigkeit brachen in der Republik Kongo schwere Unruhen aus, die die frühere Kolonialmacht Belgien am 10. Juli dazu veranlaßten, militärisch einzugreifen. Die kongolesische Regierung wandte sich hierauf mit dem dringenden Appell an den Generalsekretär, militärische Hilfe zur Abwehr der Aggression von außen zu gewähren. Der Sicherheitsrat, den der Generalsekretär – gestützt auf Art. 99 der Satzung – auf die bedrohliche Situation im Kongo aufmerksam machte[37], beschloß bereits am 14. Juli eine Resolution[38], die u. a. den Generalsekretär ermächtigte, die bis zur Übernahme der vollen Verantwortung durch die kongolesischen Streitkräfte erforderliche militärische und technische Hilfe dem Kongo zur Verfügung zu stellen. Hammarskjöld handelte ohne Verzug. Die ersten Einheiten der ONUC (Opération des Nations Unies au Congo) trafen schon am 15. Juli in Léopoldville ein. Inzwischen hatte sich die Provinz Katanga vom Kongo losgelöst. Ministerpräsident Lumumba forderte nun vom Generalsekretär, daß die internationale Einsatztruppe sich auch an der Niederwerfung der sezessionistischen Kräfte in Katanga beteiligt. Hammarskjöld wies dieses Ansinnen unter Berufung auf die Resolution des Sicherheitsrates zurück, die dem Generalsekretär kein derartiges Mandat erteilte. Die Weigerung Hammarskjölds, auf die Wünsche Lumumbas einzugehen, führte zu einem offenen Bruch zwischen den beiden Kontrahenten. Im September wurde Lumumba von Präsident Kasavubu entlassen, worauf Lumumba seinerseits den Präsidenten absetzte. Die Verfassungskrise weitete sich alsbald in eine Staatskrise aus. Lumumba wurde von kongolesischen Truppen verhaftet und Anfang 1961 nach Katanga gebracht, wo er im Februar Opfer eines Mordanschlags wurde.

Bereits der Streit Lumumbas mit dem Generalsekretär über die Auslegung des vom Sicherheitsrat erteilten Mandats veranlaßte den sowjetischen Delegierten Kuznetsow im Sicherheitsrat, Hammarskjöld vorzuhalten, daß er seine Interpretation dem Rat hätte vorlegen müssen[39]. Hammarskjöld wandte gegen die Vorhaltungen ein, daß die Vollziehung

---

[36] Siehe J. Lash, a. a. O. S. 197 ff.; Ch. M. Simon, a. a. O. S. 141 ff.; I. E. Levine, a. a. O. S. 158 ff.; Everyman's United Nations, a. a. O. S. 168 ff.

[37] Brief des Generalsekretärs vom 13. Juli 1960 an den Präsidenten des Sicherheitsrates (S/4381). Mündliche Begründung durch den Generalsekretär am 13. Juli 1960 abends im Sicherheitsrat (SCOR, 15th year, 873rd meeting, 13/14 July 1960, S/PV. 873 S. 3–5).

[38] Res. 143 (1960) vom 14. Juli 1960 (S/4387).

[39] Es ging um die Auslegung der Res. 146 (1960) vom 9. August 1960 (S/4426). Vgl. UN-Doc. SCOR, 15th year, 888th meeting, 21. August 1960 (S/PV. 888) S. 14.

des Sicherheitsbeschlusses dessen Interpretation voraussetzte. Im übrigen hätte er als Generalsekretär ein Recht darauf gehabt, vom Sicherheitsrat die erforderlichen Instruktionen zu erhalten. Wenn sich jedoch der Sicherheitsrat ausschweige, dann habe der Generalsekretär keine andere Wahl, als seinem Gewissen zu folgen[40]. Bald danach verweigerte die Sowjetunion im Sicherheitsrat den Aktionen der Vereinten Nationen im Kongo ihre Unterstützung. Hammarskjöld sah sich zunehmend schwerwiegenden Vorwürfen ausgesetzt, und zwar nicht nur seitens der Sowjetunion, sondern inzwischen auch seitens einiger westlicher Staaten. Sein Bemühen, sich strikt neutral zu verhalten, wurde von Belgien, den USA, Frankreich und Großbritannien immer weniger verstanden.

Im Herbst 1960 erklärte der sowjetische Ministerpräsident Chruschtschow in der Generalversammlung[41], daß die sozialistischen Staaten in den Generalsekretär kein Vertrauen mehr hätten. Er forderte Hammarskjöld auf, zurückzutreten und schlug vor, das Amt des Generalsekretärs durch ein Triumvirat, eine „Trojka", wie die Konstruktion in der Folge allgemein genannt wurde, zu ersetzen, in dem die drei politischen Hauptgruppierungen in der Generalversammlung, nämlich der Westen, der Osten und die Dritte Welt, durch je ein Mitglied vertreten sein sollten. Bei den Entscheidungen dieses Organs müßten die Interessen aller drei Gruppen berücksichtigt werden, was praktisch einem Vetorecht jedes einzelnen Mitglieds des Triumvirats gleichgekommen wäre.

In seiner Antwort[42] auf die Erklärung Chruschtschows verteidigte Hammarskjöld nicht nur sich selbst, sondern das Amt des Generalsekretärs überhaupt. Er trat mit großem Nachdruck für die Unabhängigkeit des Generalsekretärs ein und warnte davor, vom Generalsekretär zu erwarten, daß er sich für bestimmte politische Gruppeninteressen mißbrauchen ließe. Hammarskjöld betonte, daß es ihm in diesem Fall gar nicht um seine eigene Person gehe: „The man does not count; the institution does. A weak or non-existent executive would mean that the United Nations would no longer be able to serve as an effective instrument for active protection of the interests of those many Members who need such protection"[43].

Auf die Aufforderung, von seinem Amt zurückzutreten, erwiderte Hammarskjöld, daß er angesichts des Mißtrauens, das eine Großmacht

---

[40] Am 21. August vor dem Sicherheitsrat, vgl. UN-Doc. SCOR, 15th year, 888th meeting, 21. August 1960, (S/PV. 888) S. 21.
[41] UN-Doc. GAOR XVth Session, 882nd Plenary Meeting, 3 Oct. 1960, S. 317–321.
[42] Ebenda, 883rd Plenary Meeting, 3 Oct. 1960, 3 p. m., S. 331–332.
[43] Ebenda, S. 331.

22

gegen seine Person zum Ausdruck brachte, eigentlich zurücktreten wollte. Doch der Vorschlag, das Amt des Generalsekretärs abzuschaffen und durch ein Dreiergremium zu ersetzen, zwinge ihn, im Amt zu bleiben. Eine solche Regelung würde die Administration der Vereinten Nationen zum Erliegen bringen: „I would, therefore, at the present difficult and dangerous juncture throw the Organization to the winds"[44]. Dies könne er jedoch gegenüber all jenen Staaten nicht verantworten, für die die Vereinten Nationen von vitaler Bedeutung seien.

V.

Dieser Bericht über Hammarskjölds Kampf um eine wirksame internationale Rechtsordnung kann nicht abgeschlossen werden, ohne das Eintreten des Generalsekretärs für die Weiterentwicklung und Kodifizierung des Völkerrechts und seine wiederholt bekundete Überzeugung von der Notwendigkeit einer funktionsfähigen internationalen Gerichtsbarkeit kurz in Erinnerung zu rufen.

Im Februar 1956 sagte Hammarskjöld in einer Ansprache vor dem Indian Council of World Affairs in New Delhi[45], man könne die Bedeutung der wirtschaftlichen und sozialen Probleme zwar nicht hoch genug einschätzen, doch habe er den Eindruck, daß diese Aspekte gegenwärtig die Wichtigkeit des Rechts allzu leicht vergessen ließen. Der Generalsekretär gab seiner Hoffnung Ausdruck, daß die Regierungen im kommenden Jahrzehnt – gemeint waren die sechziger Jahre – die Entwicklung des Völkerrechts und vor allen Dingen dessen Kodifizierung stärker fördern und sich vermehrt auch der Rechtssprechung des Internationalen Gerichtshofs bedienen würden. Nach Hammarskjölds Einschätzung dürfte einer der Gründe für das Zögern der Regierungen, ihre Streitigkeiten einer richterlichen Instanz zur Beilegung zu unterbeiten, darin zu suchen sein, daß das geltende Völkerrecht immer noch fragmentarisch ist und seine Rechtssätze oft die nötige Klarheit und Eindeutigkeit vermissen lassen. Die Regierungen erwarteten sich deshalb mehr von Verhandlungen und politischen Lösungen als von rechtlichen Entscheidungen.

---

[44] Ebenda, S. 332.
[45] „We have to come to realize the significance of economic and social matters. We have, alas, not been permitted to lose sight of the significance of pure politics. But I think we have let those two aspects overshadow a little too much the significance of law. I would hope that in the next decade governments would support a stronger development in the field of international law – codification of international law, first of all – and a freer and more frequent appeal to the International Court of Justice." Extemporaneous remarks before the Indian Council of World Affairs in New Delhi, India, February 3, 1956, in: Kelen, a.a.O. S. 135.

In seiner berühmten Rede anläßlich der Fertigstellung eines neuen Gebäudes für die juristische Fakultät der Universität Chicago im Mai 1960[46] bedauerte Hammarskjöld, daß das Völkerrecht trotz der umfangreichen einschlägigen Literatur vom juristischen Nachwuchs viel zu wenig beachtet werde. Insbesondere das Verfassungsrecht der internationalen Organisationen befinde sich noch in einem beklagenswert embryonalen Zustand.

Der Internationale Gerichtshof könnte sich nach Meinung Hammarskjölds zu einem viel wirksameren internationalen Forum für die Beilegung von Streitigkeiten entwickeln, wenn sich manche Staaten bereitfänden, ihre Vorbehalte gegen die Zuständigkeit des Gerichtshofs zurückzuziehen[47]. Die Vereinten Nationen würden sich nie in dem Maße weiterentwickeln können, wie es wünschenswert wäre, wenn die zentrale Rolle der Gerichtsbarkeit im zwischenstaatlichen Bereich nicht die gleiche Anerkennung erlange wie im innerstaatlichen Bereich[48].

Wir müssen heute leider feststellen, daß sich die Hoffnungen Hammarskjölds auf eine Festigung der internationalen Rechtsordnung, auf ein wachsendes Vertrauen in das Völkerrecht und in die richterliche Streitbeilegung nur zu einem geringen Teil erfüllt haben. Die weitestgehenden Fortschritte konnten noch auf dem Gebiet der Kodifizierung des Völkerrechts erzielt werden. Auch die wissenschaftliche Erforschung der Probleme des Verfassungsrechts internationaler Organisationen ist gut vorangekommen. Was die Lehre des Völkerrechts anbelangt, so hat sich das Angebot auf den Universitäten, in wissenschaftlichen Forschungsinstituten und anderen Institutionen in beachtlichem Umfang erweitert, wenngleich das Fach in manchen Studienordnungen immer noch stiefmütterlich behandelt wird. Auch das Interesse des juristischen Nachwuchses am Völkerrecht hat – wie mir scheint – nicht wesentlich zugenommen. Viele Juristen, die unsere Universitäten verlassen, haben deshalb nur lückenhafte Vorstellungen vom Völkerrecht.

Viel schlimmer noch ist es allerdings mit der internationalen Gerichtsbarkeit bestellt. Wir wissen, daß der Internationale Gerichtshof seit Jahren unterbeschäftigt ist, nicht etwa weil es keine Streitfälle gibt, sondern weil man sie nicht dem Gerichtshof zur Entscheidung unterbreitet.

Die Bilanz ist also nicht besonders erfreulich.

---

[46] Address at the Special Convocation and dedicatory celebration marking the completion and occupancy of the law buildings of the University of Chicago Law School, Chicago, May 1, 1960, in: E. Kelen, a. a. O. S. 136–137.

[47] Ebenda.

[48] Address at University of California United Nations Convocation, Berkeley, California, June 25, 1955, ebenda S. 138.

VI.

Damit komme ich zum Schluß meiner Ausführungen. Ich habe in meinem Referat versucht, von der Vorstellung ein Bild zu entwerfen, die Hammarskjöld von einer gerechteren und friedlichen Welt hatte. Ich habe weiter versucht, die geistigen und ethischen Grundlagen aufzuzeigen, auf denen sein Menschenbild, sein Gerechtigkeitssinn und sein leidenschaftliches Engagement für die Herrschaft des Rechts in den internationalen Beziehungen beruhten. Wir haben an einigen Beispielen erfahren, auf welche Weise er trachtete, seine Ideen in die Praxis umzusetzen und welche Erfolge er dabei erzielen konnte, aber auch welche Mißerfolge er hinnehmen mußte. Hammarskjöld war jedoch kein Mann, der sich durch Mißerfolge, Rückschläge oder persönliche Anfechtungen beirren ließ. Es berührte ihn auch nicht weiter, wenn man ihm gelegentlich übertriebenen juristischen Formalismus vorwarf. Durch solche Kritik ließ er sich nicht einschüchtern. Er war von der Notwendigkeit einer stabilen und wirksamen internationalen Rechtsordnung überzeugt. Diese Überzeugung sah er durch die Erfahrung bestätigt, die er im Umgang mit der Macht und ihren Repräsentanten machte. Daher seine Warnung, die zugleich als sein Vermächtnis gelten könnte: „The world of order and justice for which we are striving will never be ours unless we are willing to give it the broadest possible and the firmest possible foundation in law"[49].

---

[49] Ebenda.

www.ingramcontent.com/pod-product-compliance
Lightning Source LLC
Chambersburg PA
CBHW050648190326

41458CB00008B/2463